Das große
Bergdoktor
Quiz-Buch

AF218778

Franz Anton Gaulhofer, Jahrgang 1962, ist Journalist und Autor. Der gebürtige Österreicher arbeitet seit 1988 in Deutschland und schreibt hauptsächlich über Promis, Adelige und Film- und TV-Stars. Als eingefleischter „Bergdoktor"-Fan verfasste er dieses Quiz-Buch für Einsteiger und Superfans der beliebten TV-Serie.

Franz Anton Gaulhofer

Das große
Bergdoktor
Quiz-Buch

202 Fragen
zur beliebten TV-Serie
und den Hauptdarstellern

Teste dein Wissen!

Aktuell zur 14. Staffel von 2021

Bibliografische Information der Deutschen Nationalbibliothek:
Die Deutsche Nationalbibliothek verzeichnet diese Publikation in der
Deutschen Nationalbibliografie; detaillierte bibliografische Daten sind im
Internet über http://dnb.dnb.de abrufbar.

Herstellung und Verlag: BoD – Books on Demand, Norderstedt

ISBN: 978-3-7534-1669-4

Für

Lilly

Leoni

und Annette G.

Für die Gaulhofer-Familien in Strallegg und Wien

Für Barbara Steidl,
die mich mit dem „Bergdoktor"-Virus infiziert hat

Für Hans Sigl,
den ich in einem früheren Leben gelegentlich mal geärgert habe

Inhaltsverzeichnis

Spannung pur...9

Von Erfolg zu Erfolg 10

Die Hauptdarsteller und ihre Rollen 12

Frühere wichtige Rollen und ihre Darsteller 14

Staffel 14 – Liebeswirren um Martin und Hans 17

Auflösung Fragen 1 – 14 21

Der Gruberhof, die Arztpraxis - und der Mercedes...........22

Auflösung Fragen 15 - 25...25

Die Klinik und der „Wilde Kaiser" 26

Auflösung Fragen 26 – 30 28

Die Welt von Bergdoktor Martin Gruber.....................29

Auflösung Fragen 31 - 41...32

Lilli Gruber...33

Auflösung Fragen 42 – 45 34

Lisbeth Gruber...35

Auflösung Fragen 46 – 49 36

Hans Sigl...37

Auflösung Fragen 50 - 64...41

Dies und das & sonst noch was 42

Auflösung Fragen 65 – 72 44

Andrea Gerhard 45

Auflösung Fragen 73 – 76 46

Wie alles begann – Staffel 1 47

Auflösung Fragen 77 – 86 50

Staffel 2 – neue Lieben blühen 51

Auflösung Fragen 87 – 92 53

Ronja Forcher 54

Auflösung Fragen 93 – 100 56

Staffel 3 – schlimme Unfälle 57

Auflösung Fragen 101 – 107 59

Staffel 4 – schwere Verletzungen 60

Auflösung Fragen 108 – 115 63

Heiko Ruprecht 64

Auflösung Fragen 116 – 120 66

Staffel 5 – Angst um die Kinder 67

Auflösung Fragen 121 – 127 69

Staffel 6 –Eine Frau geht, eine andere kommt 70

Auflösung Fragen 128 – 134 72

Monika Baumgartner 73

Auflösung Fragen 135 – 139 75

Staffel 7 – Liebeswirren bei Hans Gruber 76

Auflösung Fragen 140 – 146 78

Staffel 8 – Feuer-Drama 79

Auflösung Fragen 147 – 151 81

Natalie O'Hara 82

Auflösung Fragen 152 – 158 84

Staffel 9 – Martin flirtet wieder 85

Auflösung Fragen 159 – 163 87

Staffel 10 – „Nachwuchs" bei Dr. Kahnweiler 88

Auflösung Fragen 164 – 168 90

Mark Keller 91

Auflösung Fragen 169 – 177 94

Staffel 11 – Große Sorgen um Lilli Gruber 95

Auflösung Fragen 178 – 181 97

Staffel 12 – Trauriger Abschied 98

Auflösung Fragen 182 – 187 100

Ines Lutz 101

Auflösung Fragen 188 – 194 103

Staffel 13 – Der Heiratsantrag 104

Auflösung Fragen 195 – 202 107

Lob, Anregungen, Kritik? 108

Spannung pur

Was war das wieder für eine sensationelle Staffel. Eine einzige emotionale Achterbahnfahrt. Die Schwangerschaft von Franziska (sie erwartet einen Sohn vom Bergdoktor) brachte gewaltigen Wirbel in die Hochzeitspläne von Martin und Anne. Auch die Affäre von Sprechstundenhilfe Linn mit Martins Bruder Hans sorgte für kräftige Gefühlswallungen und Zerwürfnisse. Zu guter Letzt hatte auch noch Gruber-Tochter Lilli Schmetterlinge im Bauch angesichts des sympathischen Feuerwehrmannes Robert. Für Lilli endete die 14. Staffel im März daher fröhlich und optimistisch. Bei Martin und seinem Bruder Hans scheint die Zukunft aber von dunklen Wolken überschattet …

Die Fans der Serie bedankten sich für die spannenden Folgen mit hohen Einschaltquoten in ZDF und ORF sowie mit kräftigen Zugriffen auf die Mediatheken der Sender. In einschlägigen Foren ging's hoch her – vor allem Franziska und Anne sorgten für kräftige Konfrontationen innerhalb der Fangemeinde.

Aber habt ihr wirklich alle Handlungsstränge und die kleinen Details der einzelnen Folge mitbekommen? Testet euer Wissen in diesem Quiz-Buch. Manche Fragen sind gerade für Experten leicht zu beantworten, andere könnten selbst Super-Fans ins Grübeln bringen.

Los geht's mit Fragen zur 14. Staffel von 2021. Aber wir blicken natürlich auch viel weiter zurück in die früheren Staffeln dieser großartigen Serie. Und es gibt auch viele Fragen zu den Hauptdarstellern und ihrem Privatleben. Stoff genug also für viele Stunden spannender, herausfordernder Unterhaltung.

Bereit? Dann nichts wie hinein ins große Bergdoktor-Quiz-Abenteuer! Viel Spaß!

Von Erfolg zu Erfolg

Wunderschöne Landschaften, spannende medizinische Fälle – und immer wieder herzzerreißende persönliche Schicksalsgeschichten. Nicht zuletzt Dr. Martin Gruber hat in jeder Staffel seine liebe Not mit der Liebe. Diese geniale Mixtur macht den „Bergdoktor" zu einer der besten und erfolgreichsten TV-Serien, die seit Jahren von Erfolg zu Erfolg rauscht.

Rund sieben Millionen Zuschauer sitzen zu Jahresbeginn gespannt am Mittwoch (in Österreich) oder Donnerstag (in Deutschland) vor dem Fernseher und fiebern bei den neuesten Folgen mit. Gerade die 14. Staffel von 2021 sorgte mit den Hochzeitsplänen von Martin und Anne sowie der Schwangerschaft von Apothekerin Franziska Hochstetter für jede Menge Spannung – und Rekord-Einschaltquoten.

Im ORF in Österreich knackte der „Bergdoktor" erstmals die Millionenmarke: Die Folge „Atemlos" erreichte 1,006 Millionen Zuseherinnen und Zuseher und sorgte für einen sensationellen Marktanteil von 29 Prozent.

Auch in Deutschland lief die Serie so gut wie nie zuvor. Nachdem schon die Episode „Bittere Tränen" auf sagenhafte 7,43 Millionen Fernsehzuschauer und einen Marktanteil von 22,1 Prozent kam, sorgte „Der Bergdoktor" dann mit „Atemlos" auch im ZDF für eine neue Allzeit-Bestmarke: 7,76 Millionen Zuschauer ergaben einen Marktanteil von 22,8 Prozent. Und nicht nur live vorm TV purzelten die Rekorde, auch in der ZDF-Mediathek. Mehr als 1,5 Millionen Mal wurden die einzelnen Folgen im Schnitt abgerufen. Und die Folgen der 14. Staffel stehen noch ein Jahr nach Ausstrahlung in der ZDF-Mediathek zur Verfügung.

Von der Beliebtheit der Serie profitiert auch der Tourismus in der Tiroler Region Wilder Kaiser, wo der Quoten-Hit gedreht wird. Bei einer Umfrage unter Urlaubsgästen, welche Fernsehsendung mit ausschlaggebend war für die Entscheidung, den Urlaub am Wilden Kaiser zu verbringen, kreuzten 78 Prozent „Bergdoktor" an. Kein Wunder, wenn man sich die sensationellen Panorama- und Landschaftsaufnahmen ansieht, die jede „Bergdoktor"-Folge zu einem echten Hingucker machen.

Und Schluss ist hoffentlich noch lange nicht. Die Dreharbeiten für das Winterspecial 2022 haben bereits am 8. März in Sankt Jakob in Osttirol begonnen. Bis April wurde die Episode mit dem Arbeitstitel „Stumm" gedreht. Im Juni gehen dann, so der Plan, die neuen Folgen für die 15. Staffel in Produktion.

Wie es dann im Januar 2022 im TV weitergeht bei Martin, Anne, Franziska, Hans, Linn, Susanne und Lilli? Und welche neuen Darsteller für spannende Episoden sorgen werden? Das ist natürlich noch streng geheim.

Aber eines wissen wir ja: Der „Bergdoktor" ist immer für eine gewaltige Überraschung gut …

Die Hauptdarsteller und ihre Rollen

Hans Sigl
ist Dr. Martin Gruber: der Bergdoktor und Hauptcharakter der Serie

Ronja Forcher
ist Lilli Gruber: Tochter von Hans Gruber, leibliche Tochter von Dr. Martin Gruber und Enkelin von Elisabeth Gruber

Monika Baumgartner
ist Elisabeth Gruber: Mutter von Martin und Hans Gruber, Großmutter von Lilli und Oberhaupt der Familie Gruber

Heiko Ruprecht
ist Hans Gruber: Bruder von Dr. Gruber und Besitzer des Gruberhofs, Lebensgefährte (immer wieder mal) von Susanne und Vater der gemeinsamen Tochter Sophia

Natalie O'Hara
ist Susanne Dreiseitl: Inhaberin des „Wilden Kaisers", Adoptivmutter von Jonas und leibliche Mutter der kleinen Sophia

Ines Lutz
ist Anne Meierling: Landwirtin, Tochter von Arthur Distelmeier (†), Verlobte von Dr. Gruber

Rebecca Immanuel
ist Dr. Vera Fendrich: Ärztin an der Klinik in Hall, Ehefrau von Dr. Kahnweiler

Mark Keller
ist Dr. Alexander Kahnweiler: Oberarzt an der Klinik in Hall, Freund von Dr. Gruber, Ehemann von Dr. Vera Fendrich

Luis Immanuel Rost
ist Jens-Torben Kahnweiler-Fendrich, geb. Schmidt: Adoptivsohn von
Dr. Kahnweiler und Dr. Fendrich

Simone Hanselmann
ist Franziska Hochstetter: Apothekerin und Erbin des
Familienunternehmens sowie schwangere Mutter von Martin
Grubers Sohn

Andrea Gerhard
ist Linn Kemper: Arzthelferin von Dr. Gruber und Affäre von
Hans Gruber

Annika Ernst
ist Dr. Johanna Rüdiger: Ärztin an der Klinik in Hall und Dr.
Kahnweilers große Konkurrentin

Frühere wichtige Rollen und ihre Darsteller

Dr. Roman Melchinger (†)

Gespielt von Siegfried Rauch (†): Vorbesitzer der Praxis von
Dr. Gruber (Staffel 1 – 11)

Arthur Distelmeier (†)

Gespielt von Martin Feifel: Vater von Anne Meierling
(Staffel 3 – 4 und Staffel 6 – 8)

Ludwig Gruber

Gespielt von Christian Kohlund: Schwager und früherer
Liebhaber von Elisabeth Gruber, Onkel von Martin und Hans Gruber
(Staffel 11 – 12)

Christina Pagel

Gespielt von Mareike Fell: Krankenschwester im Krankenhaus Hall,
dann Arzthelferin von Dr. Gruber (Staffel 1)

Monika Schneider

Gespielt von Hansi Jochmann: Arzthelferin von Dr. Gruber
(Staffel 2 – 3)

Nicole Schneider

Gespielt von Sophia Thomalla: Nichte von Monika Schneider,
Arzthelferin von Dr. Gruber
(Staffel 3 – 6)

Irena Bornholm

Gespielt von Nicole Beutler: Arzthelferin von Dr. Gruber
(Staffel 7 – 11)

Julius Hofmeister

Gespielt von Gerd Silberbauer: Alte Liebe von Lisbeth (Staffel 1)

Dr. Andrea Junginger (†)
Gespielt von Tessa Mittelstaedt: Rechtsanwältin, Verlobte von
Dr. Gruber (Staffel 2 – 4)

Julia Denson
Gespielt von Mariella Ahrens: Ärztin in New York,
Ex-Verlobte von Dr. Gruber (Staffel 1 – 3).
In Staffel 6 schlüpfte Julia Richter in diese Rolle

Rike Jäger
Gespielt von Regula Grauwiller: Sachbearbeiterin bei der
Versicherung, Freundin von Dr. Gruber (Staffel 9 – 10)

Lukas Jäger
Gespielt von Anton Andreew: Sohn von Rike Jäger (Staffel 9 – 10)

Dr. Lena Imhoff
Gespielt von Pia Baresch: Gynäkologin im Klinikum Hall
(Staffel 4 – 5)

Tom Imhoff (†)
Gespielt von Johannes Brandrup: Mann von Dr. Imhoff (Staffel 4 – 5)

Jörg Dreiseitl
Gespielt von Konstantin Graudus: Ehemann von Susanne Dreiseitl
(Staffel 1 – 3)

Jonas Dreiseitl, geb. Ellert
Gespielt von Fabian Elias Huber: Adoptivsohn von Susanne Dreiseitl
(Staffel 3 – 8)

Klara Hoffmann
Gespielt von Nike Fuhrmann: Ex-Verlobte von Hans Gruber
(Staffel 2 – 5)

Sarah Hoffmann

Gespielt von Anna Hippert: Tochter von Klara Hoffmann
(Staffel 2 – 4)

Mario

Gespielt von Dominik Nowak: Freund von Lilli Gruber (Staffel 4 – 7)

Carsten

Gespielt von Timmi Trinks: Freund von Lilli Gruber (Staffel 6 – 8)

Caro Sürth

Gespielt von Gesine Cukrowski: Flirt und Ex-Patientin von Dr. Gruber
(Staffel 8)

Mia Thalbach

Gespielt von Elisabeth Baulitz: Lehrerin von Jonas, Affäre von
Hans Gruber (Staffel 7 – 8)

Gregor Schachner

Gespielt von Gabriel Merz: Landwirt, Geschäftspartner von Anne
(Staffel 13)

Staffel 14 – Liebeswirren um Martin und Hans

1

Gleich zu Beginn der 14. Staffel geben Martin und Anne der Familie den geplanten Hochzeitstermin bekannt. Die Hochzeit steigt …

a) an Ostern

b) am Johannistag Ende Juni

c) zu Pfingsten

2

Nachdem Martin und Anne schon den Hochzeitstermin festgelegt haben, geht es nun um die Nachwuchsfrage. Sie möchte gerne, er ist anfangs noch unschlüssig. Dann lenkt er ein und sagt zu Anne: Na gut, dann machen wir halt so einen kleinen …

a) Wonneproppen

b) Dreikäsehoch

c) Hosenscheißer

3

Eine Untersuchung Annes ergibt schlussendlich:

a) Sie ist bereits schwanger

b) Sie kann nie Kinder bekommen

c) Sie würde eine Geburt nicht überleben

4

Dafür ist Martins Ex-Freundin Franziska Hochstetter schwanger von ihm. Sie erwartet ...

a) einen Jungen

b) ein Mädchen

c) Zwillinge

5

Wer erfährt in Staffel 14 zuerst von der Schwangerschaft Franziskas?

a) Hans Gruber

b) Lisbeth Gruber

c) Lilli Gruber

6

Um endgültig aus Annes Leben zu verschwinden, möchte Franziska mit Martins Sohn doch nicht in Ellmau wohnen, sondern wegziehen. Und zwar nach ...

a) London

b) Paris

c) New York

7

Womit überrascht Dr. Kahnweiler gleich in der 1. Folge nach dem Winterspecial zur 14. Staffel?

a) Er trägt Vollbart

b) Er hat ein Tattoo

c) Er hat ein Piercing

8

Für Dr. Kahnweiler kommt es in Staffel 14 beruflich dicke. Er bekommt (weibliche) Konkurrenz um den angestrebten Posten als ...

a) Leiter der Chirurgie

b) Leitender Oberarzt

c) Klinik-Direktor

9

Weil er sich gedemütigt fühlt, bewirbt sich Dr. Kahnweiler bei einer Klinik in ...

a) Berlin

b) München

c) Wien

10

In der 14. Staffel hat Lilli Gruber gehörig Schmetterlinge im Bauch. Ihr Herz schlägt für einen ...

a) Patienten

b) Polizisten

c) Feuerwehrmann

11

Zwischen Hans Gruber und Sprechstundenhilfe Linn Kemper funkt es in dieser Staffel gewaltig. Sie verbringen sogar eine Nacht zusammen. Wer entdeckt schließlich die beiden beim Schmusen?

a) Lilli und Jakob

b) Anne und Martin

c) Susanne und Sophia

12

Welches Möbelstück spielte eine Rolle bei der Annäherung von Linn und Hans?

a) Ein Sofa

b) Ein Ohrensessel

c) Ein Schreibtisch

13

Nachdem Susanne Linn in der Praxis zur Rede gestellt hat, fährt sie zum Gruberhof und ...

a) gibt Hans eine schallende Ohrfeige

b) spricht sich mit Hans aus

c) klagt Lisbeth Gruber ihr Leid

14

Woran dachte Andrea Gerhard laut eigener Aussage beim Dreh der Sex-Szene mit Hans Gruber?

a) An das Drehbuch

b) An ein erotisches Bild

c) An ihren Freund David

Auflösung auf Seite 21

Auflösung Fragen 1 – 14

1 b) am Johannistag Ende Juni

2 c) Hosenscheißer

3 b) Sie kann nie Kinder bekommen

4 a) einen Jungen

5 b) Lisbeth Gruber

6 c) New York

7 a) Er trägt Vollbart

8 a) Leiter der Chirurgie

9 b) München

10 c) Feuerwehrmann

11 a) Lilli und Jakob

12 b) Ein Ohrensessel

13 a) gibt Hans eine schallende Ohrfeige

14 c) An ihren Freund David

Der Gruberhof, die Arztpraxis - und der Mercedes

15

Die Arztpraxis ist ein alter Bauernhof in Ellmau. Wann wurde er in der Ortschronik das erste Mal erwähnt?

a) 1694

b) 1736

c) 1802

16

Und wie ist der Name des uralten Hofes?

a) Großbrucker

b) Hinterschnabl

c) Gaulhofer

17

Er liegt übrigens im Ellmauer Ortsteil ...

a) Sonnseite

b) Oberleiten

c) Faistenbichl

18

An welchem Tag hat Dr. Gruber laut Praxisschild nachmittags keine Sprechstunde?

a) Montag

b) Mittwoch

c) Freitag

19

Wer wollte ursprünglich Roman Melchinger die Praxis abkaufen?

a) Martins Ex Julia Denson
b) Klinikarzt Alexander Kahnweiler
c) Martins Sprechstundenhilfe Frau Schneider

20

Was wollte der neue Käufer aus der Praxis machen?

a) Eine Schönheitsklinik
b) Eine Außenstelle des Krankenhauses
c) Eine Rehaklinik

21

Das Serien-Zuhause von Dr. Gruber, der Gruberhof, heißt in Wirklichkeit ...

a) Köpfinghof
b) Knöpflhaus
c) Kolpinghof

22

Auf der Terrasse nehmen die Grubers bei strahlendem Sonnenschein ihr Frühstück ein. Wegen des Sonnenstandes vor Ort werden diese Szenen immer ...

a) morgens gedreht
b) mittags gedreht
c) abends gedreht

23

Das Auto des Bergdoktors ist ein Mercedes 200 aus der Reihe W 123.
Welches Baujahr hat er?

a) 1979

b) 1981

c) 1988

24

Und wie viele PS?

a) 94

b) 109

c) 136

25

Wie nennt Hans Sigl den moosgrünen Mercedes?

a) Lausbub

b) Rotzlöffel

c) Ranzbimmel

Auflösung auf Seite 25

Auflösung Fragen 15 - 25

15 a) 1694

16 b) Hinterschnabl

17 c) Faistenbichl

18 b) Mittwoch

19 b) Klinikarzt Alexander Kahnweiler

20 a) Eine Schönheitsklinik

21 a) Köpfinghof

22 c) abends gedreht

23 a) 1979

24 a) 94

25 c) Ranzbimmel

Die Klinik und der „Wilde Kaiser"

26

Es spielen sich dramatische Szenen in der Serien-Klinik Hall ab. Doch wo werden die Innenaufnahmen tatsächlich gedreht?

a) Krankenhaus Schwaz
b) Tennishalle Ellmau
c) Arztpraxis in Sonnbichl

27

Narkose- und Ultraschallgeräte in der Serien-Intensivstation sind …

a) reine Requisite
b) voll funktionsfähig
c) per Computer ins Bild montiert

28

Das Lokal von Susanne Dreiseitl ist in Wirklichkeit keine Wirtschaft, sondern ein privates Wohnhaus. Die Innenaufnahmen werden daher in einem Restaurant im Ellmauer Ortsteil Auwald gedreht. Es heißt …

a) Föhrenhof
b) Forellenhof
c) Fichtenwald

Aber das war nicht immer so. Denn in der ersten Staffel wurden die Innenaufnahmen in einem anderen Gasthaus gedreht, nämlich dem ...

a) Jägerwirt in Scheffau

b) Gasthaus Lobewein in Ellmau

c) Lanzenhof in Going

30

Ellmau hat zwar nur 2848 Einwohner, aber jede Menge Gästebetten für Touristen, nämlich ...

a) 3000

b) 5000

c) 8000

Auflösung auf Seite 28

Auflösung Fragen 26 – 30

26 b) Tennishalle Ellmau

27 b) voll funktionsfähig

28 a) Föhrenhof

29 a) Jägerwirt in Scheffau

30 c) 8000

Die Welt von Bergdoktor Martin Gruber

31
In welcher Stadt lebte der Chirurg Dr. Martin Gruber lange?

a) London

b) Sydney

c) New York

32
Weshalb kommt Martin Gruber zum Serienstart zurück nach Tirol?

a) Hochzeit eines Freundes

b) Einschulung seiner Nichte

c) 60. Geburtstag seiner Mutter

33
Aus welchem Grund bleibt er in Ellmau?

a) Er verliebt sich in eine Kollegin

b) Er erfährt, dass Lilli seine Tochter ist

c) Er will seiner Mutter bei der Hofarbeit helfen

34
Wie hieß der verstorbene Vater von Martin und Hans Gruber?

a) Johann

b) Jürgen

c) Jochen

35
Wem gehörte die Praxis, bevor Martin Gruber sie übernahm?

a) Alexander Kahnweiler

b) Nicole Schneider

c) Roman Melchinger

36
Als Martin in Staffel 1 eine Affäre mit Susanne Dreiseitl beginnt, ist diese noch ...

a) verheiratet

b) Jungfrau

c) in psychiatrischer Behandlung

37
Was macht sein Bruder Hans ehrenamtlich?

a) Feuerwehr

b) Straßenarbeiter

c) Bergrettung

38
Warum ist es zum Streit zwischen den Grubers und den Distelmeiers gekommen?

a) Wegen eines alten Schuldscheins

b) Wegen einer Kneipenschlägerei

c) Wegen Ehebruchs

39
Warum scheitert Martins Beziehung mit Susanne Dreiseitl?

a) Susanne betrügt Martin

b) Susannes Ehemann Jörg taucht wieder auf

c) Susanne verliebt sich in Martins Bruder Hans

40
Welche beiden der folgenden Frauen wollte Martin schon heiraten, bevor er endlich Anne Meierling einen Antrag machte?

a) Franziska Hochstetter und Rike Jäger

b) Dr. Lena Imhoff und Susanne Dreiseitl

c) Dr. Andrea Junginger und Julia Denson

41
Als Martin Gruber Anne Meierling in Staffel 6 in der Notaufnahme der Klinik das erste Mal begegnet, trägt er …

a) einen Bademantel, weil er gerade geduscht hat

b) einen Arztkittel mit dem Namensschild von Dr. Kahnweiler

c) einen Jogginganzug, weil er vom Sport kommt

Auflösung auf Seite 32

Auflösung Fragen 31 - 41

31 c) New York

32 c) 60. Geburtstag seiner Mutter

33 b) Er erfährt, dass Lilli seine Tochter ist

34 a) Johann

35 c) Roman Melchinger

36 a) verheiratet

37 c) Bergrettung

38 a) Wegen eines alten Schuldscheins

39 b) Susannes Ehemann Jörg taucht wieder auf

40 c) Dr. Andrea Junginger und Julia Denson

41 b) einen Arztkittel mit dem Namensschild von Dr. Kahnweiler

Lilli Gruber

42

In welcher Staffel beginnt Lilli Gruber endgültig eine Ausbildung bei ihrem Vater Martin?

a) Staffel 10
b) Staffel 11
c) Staffel 12

43

Wie hieß Lillis erster fester Freund?

a) Mario
b) Sebastian
c) Carsten

44

Warum kippt ihre Beziehung?

a) Er hat eine andere
b) Lilli möchte Single sein
c) Lilli küsst einen anderen Jungen

45

In welcher Staffel macht Lilli Gruber die Führerscheinprüfung?

a) Staffel 10
b) Staffel 11
c) Staffel 12

Auflösung auf Seite 34

Auflösung Fragen 42 – 45

42 b) Staffel 11

43 a) Mario

44 c) Lilli küsst einen anderen Jungen

45 b) Staffel 11

Lisbeth Gruber

46

Wie heißt die Jugendliebe von Lisbeth Gruber, die in der ersten Staffel in Ellmau auftaucht?

a) Julius Hofmeister
b) Julian Bergmann
c) Jochen Wildmeier

47

Was ist sein Beruf?

a) Architekt
b) Seemann
c) Fotograf

48

Wohin will er mit Lisbeth auswandern?

a) Kanaren
b) Vietnam
c) Dänemark

49

Wo lernt Lisbeth in Staffel 3 einen kurzfristigen Freund kennen?

a) In einem Museum
b) In einer Sauna
c) In einem Hotel

Auflösung auf Seite 36

Auflösung Fragen 46 – 49

46 a) Julius Hofmeister

47 c) Fotograf

48 b) Vietnam

49 c) In einem Hotel

Hans Sigl

50
Der gebürtige Steirer absolvierte von 1990 bis 1993 eine Ausbildung als Schauspieler und Sänger am ...

a) Landestheater Innsbruck

b) Schauspielhaus Graz

c) Volkstheater Wien

51
Bevor er 2008 zum Titelhelden wurde, hatte Hans Sigl schon mal einen Auftritt in der Originalserie mit Gerhart Lippert in Sat1. Er spielte einen ...

a) Taxifahrer

b) Patienten

c) Bergsteiger

52
Seinen Zivildienst absolvierte Hans Sigl ...

a) in einer Rollstuhlfabrik

b) als Pfleger in einer Klinik

c) als Fahrer für Krankentransporte

53
Medizin hat Hans Sigl nicht studiert, dafür einige Semester ...

a) Amerikanistik und Biologie

b) Germanistik und Pädagogik

c) Anglistik und Psychologie

54

Aber ursprünglich wollte Hans Sigl nach der Matura (dem österreichischen Abitur) ...

a) Lehrer werden

b) Anwalt werden

c) Ingenieur werden

55

In der Serie „SOKO Kitzbühel" verkörperte Hans Sigl zwischen 2001 und 2006 den ...

a) Major Andreas Blitz

b) Chefinspektor Alois Kroisleitner

c) Major Lukas Roither

56

In einer Gastrolle war er 2013 auch in einer Folge folgender „SOKO" zu sehen ...

a) Köln

b) Leipzig

c) Wismar

57

Welchen dieser Publikumspreise hat Hans Sigl bisher erst einmal gewonnen?

a) Romy

b) Goldene Henne

c) Goldene Kamera

58

Selbst im echten Leben, bei der Hochzeit mit seiner Susanne, vertraute Hans Sigl auf die Romantik der Berge. Sie heirateten 2008 auf der …

a) Rübezahl-Alm
b) Wochenbrunner Alm
c) Ellmauer Alm

59

Kennen gelernt haben sich Hans und Susanne übrigens …

a) auf einer Kreuzfahrt
b) beim Golfspielen
c) am Flughafen

60

In der ARD- Show „Das Quiz mit Jörg Pilawa" gewann Hans Sigl zusammen mit seiner Frau im Januar 2021 viel Geld. Es waren …

a) 30.000 Euro
b) 50.000 Euro
c) 10.000 Euro

61

Den Gewinn spendete der Schauspieler für einen guten Zweck. Und zwar …

a) dem Gnadenhof Gut Aiderbichl bei Salzburg
b) der Regensburger Seenotrettungsorganisation Sea-Eye
c) dem Kinderhospiz Regenbogenland in Düsseldorf

62

2014 löste Hans Sigl bei „Wetten, dass..?" eine Wettschuld ein – und sang live ein Duett mit ...

a) Howard Carpendale

b) Peter Maffay

c) Helene Fischer

63

Hans Sigl ist ein Hausmann, der gerne bügelt. Dabei hat er einen Trick gegen das Verkalken. Ins Bügelwasser gibt er immer etwas ...

a) Essig

b) Rosenwasser

c) Brennspiritus

64

Was darf Hauptdarsteller Hans Sigl in seiner Freizeit nicht tun, wenn er für den „Bergdoktor" dreht?

a) Skirennen fahren

b) Alkohol trinken

c) Golf spielen

Auflösung auf Seite 41

Auflösung Fragen 50 - 64

50 a) Landestheater Innsbruck

51 a) Taxifahrer

52 b) als Pfleger in einer Klinik

53 c) Anglistik und Psychologie

54 a) Lehrer werden

55 a) Major Andreas Blitz

56 a) Köln

57 c) Goldene Kamera

58 a) Rübezahl-Alm

59 c) am Flughafen

60 a) 30.000 Euro

61 b) der Regensburger Seenotrettungsorganisation Sea-Eye

62 b) Peter Maffay

63 b) Rosenwasser

64 a) Skirennen fahren

Dies und das & sonst noch was

65

Welcher Schauspieler spielte den Ur-Bergdoktor Dr. Thomas Burgner auf Sat.1?

a) Harald Krassnitzer

b) Gerhart Lippert

c) Walther Reyer

66

Wie heißt das aktuelle Lied aus dem Vorspann vom „Bergdoktor"?

a) „Patience" von Take That

b) „The Scientist" von Coldplay

c) „Chasing Cars" von Snow Patrol

67

Welchen Kollegen hat der Bergdoktor als internationalen Fan?

a) Einen Herzchirurgen aus Texas

b) Einen Schönheitschirurgen aus Kalifornien

c) Einen Kinderchirurgen aus Washington

68

Warum verlässt Sprechstundenhilfe Irena Bornholm in Staffel 11 die Praxis des Bergdoktors?

a) Sie wird schwer krank

b) Sie zieht zu ihrem neuen Mann

c) Ihre Freundin hat eine eigene Arztpraxis eröffnet

69
Seit wann haben die Folgen Spielfilmlänge?

a) Seit Staffel 5

b) Seit Staffel 9

c) Seit Staffel 12

70
Wie heißt der medizinische Coach, der dem Filmteam bei den Dreharbeiten fachkundig zur Seite steht?

a) Dr. Ernesto Brunnwart

b) Dr. Pablo Hagemeyer

c) Dr. Claudio Mittmann

71
Welcher „Bergdoktor"-Star zog sich 2017 für den „Playboy" aus?

a) Simone Hanselmann

b) Ronja Forcher

c) Natalie O'Hara

72
Auch 2021 begann die aktuelle Staffel wieder mit einem „Winterspecial". Doch 2015 gab es kein Winter- sondern ein ...

a) Oster-Special

b) Sommer-Special

c) Weihnachts-Special

Auflösung auf Seite 44

65 b) Gerhart Lippert

66 a) „Patience" von Take That

67 a) Einen Herzchirurgen aus Texas

68 c) Ihre Freundin hat eine eigene Arztpraxis eröffnet

69 a) Seit Staffel 5

70 b) Dr. Pablo Hagemeyer

71 b) Ronja Forcher

72 c) Weihnachts-Special

Andrea Gerhard

73

Mit welcher deutschen Tennisspielerin wird Andrea Gerhard gerne verglichen?

a) Andrea Petkovic

b) Angelique Kerber

c) Steffi Graf

74

Die Schauspielerin wäre tatsächlich eine große Hilfe auf dem Gruberhof. Denn ...

a) Sie bewirtschaftet privat selbst einen Hof

b) Ihr Opa hat einen großen Bauernhof

c) Andrea machte ein landwirtschaftliches Praktikum

75

Kann Andrea tatsächlich, wie in der 14. Staffel, Traktorfahren?

a) Ja

b) Nein

c) Sie wird gedoubelt

76

Mit ihrem Freund betreibt Andrea einen Podcast zum Thema Nachhaltigkeit und Umwelt. Er heißt ...

a) „Zwei vor zwölf"

b) „Fünf vor zwölf"

c) „Zehn nach zwölf"

Auflösung auf Seite 46

Auflösung Fragen 73 – 76

73 c) Steffi Graf

74 b) Ihr Opa hat einen großen Bauernhof

75 a) Ja

76 a) „Zwei vor zwölf"

77

Wo spielt die Serie?

a) An der Zugspitze

b) In Ramsau

c) In Ellmau

78

Was macht Dr. Martin Gruber als Erstes, als er aus New York in der alten Heimat ankommt?

a) Er fährt zu Praxis von Dr. Melchinger

b) Er fährt zum Gruberhof

c) Er geht ins Wirtshaus

79

Der Grund für seine Rückkehr ist der 60. Geburtstag von Mama Lisbeth. Welches Geschenk hat Martin ihr mitgebracht?

a) Eine alte Brosche

b) Eine Küchenmaschine

c) Einen Saugroboter

80

Wer ist der erste Patient, den Dr. Gruber bei einem Noteinsatz behandelt?

a) Eine Frau nach einem Autounfall

b) Ein Tankwart nach einem Bergunfall

c) Ein Mann nach einem Schlaganfall

81

Wer wird in der allerersten Folge zu Grabe getragen?

a) Sonja, die Frau von Hans Gruber

b) Lisbeths Ehemann

c) Der Vater von Dr. Kahnweiler

82

Wo erfährt Martin Gruber kurz vor der Rückreise nach Amerika, dass Lilli seine leibliche Tochter ist?

a) In Dr. Melchingers Praxis

b) Auf dem Bahnhof

c) Im Gasthof „Wilder Kaiser"

83

Und wer verrät ihm das Geheimnis?

a) Hans Gruber

b) Susanne Dreiseitl

c) Dr. Roman Melchinger

84

Was passiert, als der Bergdoktor seinem Bruder gesteht, dass Lilli seine Tochter ist?

a) Hans verbietet Martin, Lilli jemals wieder zu sehen

b) Lilli reißt von daheim aus

c) Hans zieht mit Lilli weg

Wo erfährt Lilli, dass sie nicht die leibliche Tochter von Hans ist, sondern von Martin?

a) In der Kirche

b) Auf dem Gruberhof

c) Auf dem Friedhof

Wovor rettete Hans Gruber seine Sprechstundenhilfe Christina Pagel?

a) Vor einem Stalker

b) Vor einem Bären

c) Vor einem Unwetter

Auflösung auf Seite 50

77 c) In Ellmau

78 b) Er fährt zum Gruberhof

79 c) Einen Saugroboter

80 b) Ein Tankwart nach einem Bergunfall

81 a) Sonja, die Frau von Hans Gruber

82 b) Auf dem Bahnhof

83 c) Dr. Roman Melchinger

84 b) Lilli reißt von daheim aus

85 a) In der Kirche

86 b) Vor einem Bären

Staffel 2 – neue Lieben blühen

87

Wie lernt Dr. Gruber in Staffel 2 die Anwältin Dr. Andrea Junginger kennen?

a) Sie kommt als Patientin in seine Praxis

b) Bei gemeinsamen New Yorker Freunden

c) Sie will ihn wegen eines Kunstfehlers verklagen

88

In dieser Staffel brennt die Scheune der Grubers nieder. In den Flammen befinden sich …

a) Lilli und ein Freund

b) Hans und Lisbeth

c) Martin und Susanne

89

Mit seinem neuen Love Interest Dr. Andrea Junginger verabredet Martin sich zum …

a) Bergwandern

b) Angeln

c) Paragliden

90

Wer taucht in Staffel 2 völlig angetrunken in der Klinik bei Dr. Kahnweiler auf?

a) Seine Mutter Elvira

b) Sein Vater Wolfgang

c) Seine Ex-Freundin Claudia

Für Hans Gruber bahnt sich eine neue Liebe an, als er die neue Grundschullehrerin kennenlernt. Sie heißt ...

a) Klara

b) Karina

c) Katharina

Eine neue Aufgabe für Martin Gruber: Weil ein Mitglied der Dorfkapelle verletzt ist, springt er bei einem Musikwettbewerb als Gastmusiker ein. Und zwar als ...

a) Trompeter

b) Schlagzeuger

c) Akkordeonspieler

Auflösung auf Seite 53

Auflösung Fragen 87 – 92

87 c) Sie will ihn wegen eines Kunstfehlers verklagen

88 a) Lilli und ein Freund

89 c) Paragliden

90 b) Sein Vater Wolfgang

91 a) Klara

92 b) Schlagzeuger

Ronja Forcher

93

In welchem Alter stand Ronja Forcher das erste Mal auf den Brettern, die die Welt bedeuten?

a) Mit 4

b) Mit 6

c) Mit 8

94

2005 war Ronja mit ihrem Vater Reinhard in „Die Geierwally" zu sehen. Die weibliche Hauptrolle spielte ...

a) Iris Berben

b) Uschi Glas

c) Christine Neubauer

95

In dem Film spielten übrigens noch zwei weitere spätere „Bergdoktor"-Stars mit, nämlich ...

a) Siegfried Rauch und Martin Feifel

b) Heiko Ruprecht und Christian Kohlund

c) Mark Keller und Konstantin Graudus

96

Ronja will ja 2021 heiraten. Ihr Verlobter heißt ...

a) Jochen

b) Felix

c) Carsten

Wo machte er ihr im Sommer 2020 einen Heiratsantrag?

a) Beim Candle-Light-Dinner
b) Beim Mountainbiken
c) Beim Waldspaziergang

Was ist Ronjas Leibspeise zu Weihnachten? Nicht Gans, nicht Ente, sondern …

a) Paprikawurstbrot
b) Krabbencocktail
c) Spargelsalat

Ronja liebt Spinnen, hat aber Angst vor …

a) Ameisen
b) Regenwürmern
c) Küchenschaben

Im März 2021 veröffentlichte Ronja ihre erste Single. Die Schlagerballade heißt …

a) „Danke"
b) „Aus Liebe"
c) „Für dich"

Auflösung auf Seite 56

Auflösung Fragen 93 – 100

93 b) Mit 6

94 c) Christine Neubauer

95 a) Siegfried Rauch und Martin Feifel

96 b) Felix

97 c) Beim Waldspaziergang

98 a) Paprikawurstbrot

99 b) Regenwürmern

100 a) „Danke"

Staffel 3 – schlimme Unfälle

101
In Staffel drei verbringt Martin eine Nacht mit …

a) der Mutter einer Freundin von Lilli
b) einer Patientin von Dr. Kahnweiler
c) seiner Ex-Verlobten Julia Denson

102
Dennoch macht er in der gleichen Staffel am Ende Andrea Junginger einen Heiratsantrag. Dazu reist er extra nach …

a) Wien
b) München
c) Rom

103
Susanne Dreiseitl wurde in Staffel 2 schwanger. In dieser Staffel verliert sie nun das Kind bei einem Autounfall. Der Vater des Ungeborenen war …

a) Martin
b) Hans
c) Susannes Noch-Ehemann Jörg

104
Wohin ist Susanne unterwegs, als sie sich mit dem Auto überschlägt?

a) Zum Flughafen
b) Zum Gruberhof
c) Zum Supermarkt

105
Nach einem wilden Streit, bei dem Arthur Distelmeier abstürzt, kommt der Streitpartner ins Gefängnis. Es ist ...

a) Martin Gruber

b) Lisbeth Gruber

c) Hans Gruber

106
Hans Gruber zeigt sich ungewohnt romantisch und macht einer Frau einen Heiratsantrag: Es ist ...

a) Klara

b) Sarah

c) Kleopatra

107
Die dritte Staffel endet dramatisch, und zwar mit ...

a) einem Autounfall von Martins Neu-Verlobter Andrea

b) einem Bergunfall von Hans Gruber

c) einem schweren Arbeitsunfall von Lisbeth Gruber

Auflösung auf Seite 59

Auflösung Fragen 101 – 107

101 c) seiner Ex-Verlobten Julia Denson

102 a) Wien

103 c) Susannes Noch-Ehemann Jörg

104 a) Zum Flughafen

105 c) Hans Gruber

106 a) Klara

107 a) einem Autounfall von Martins Neu-Verlobter Andrea

Staffel 4 – schwere Verletzungen

108

Nachdem die Hochzeit mit Hans Gruber wegen Andreas Unfall kurzfristig gescheitert ist, zieht in Staffel 4 Klara wegen ihrer Tochter nach Italien, was letztlich ihre Beziehung zu Hans beendet. Wie heißt ihre Tochter?

a) Leah

b) Hannah

c) Sarah

109

Auch zur Hochzeit von Martin und Andrea kommt es trotz dem Antrag aus der letzten Folge von Staffel 3 nicht, weil ...

a) Andrea stirbt, um Organe zu spenden

b) Martin nach Amerika fliegt

c) Lisbeth ihm davon abrät

110

In dieser vierten Staffel beginnt Martin eine unverbindliche Affäre mit der Gynäkologin Dr. Lena Imhoff. Die verheimlicht ihm aber, dass sie...

a) keine Kinder kriegen kann

b) heimlich scharf auf seinen Bruder ist

c) noch verheiratet ist

111

Susanne Dreiseitls Adoptivsohn Jonas wünscht sich eine komplette Familie und möchte, dass Susanne heiratet. Und zwar …

a) Martin Gruber

b) Hans Gruber

c) Alexander Kahnweiler

112

Bei einem Einsatz am Berg wird Hans Gruber schwer verletzt und muss notoperiert werden. Alle machen sich große Sorgen um …

a) seinen rechten Arm

b) sein linkes Bein

c) sein rechtes Auge

113

Nach einem Streit mit Hans um den Verkauf des Gruberhofs zieht Lisbeth aus und zieht zu …

a) ihrer Schwester in München

b) Susanne Dreiseitl

c) einem alten Freund in Innsbruck

114

Hans fährt trotz seiner Verletzung mit dem Auto ins Dorf. Dort überfährt er an einer unübersichtlichen Stelle …

a) Lilli Gruber

b) Roman Melchinger

c) Susannes Adoptivsohn Jonas

Gegen Ende der vierten Staffel kommt es zum ersten Kuss zwischen ...

a) Lisbeth Gruber und Roman Melchinger

b) Hans Gruber und Susanne Dreiseitl

c) Martin Gruber und Sprechstundenhilfe Nicole Schneider

Auflösung auf Seite 63

Auflösung Fragen 108 – 115

108 c) Sarah

109 a) Andrea stirbt, um Organe zu spenden

110 c) noch verheiratet ist

111 a) Martin Gruber

112 b) sein linkes Bein

113 b) Susanne Dreiseitl

114 c) Susannes Adoptivsohn Jonas

115 b) Hans Gruber und Susanne Dreiseitl

Heiko Ruprecht

116

Heiko Ruprecht und Hans Sigl kennen sich nicht erst seit „Bergdoktor"-Zeiten. Sie lernten sich schon viel früher kennen, und zwar …

a) am Theater in Bremen

b) in einer WG in Freiburg

c) bei Dreharbeiten zu „SOKO Kitzbühel"

117

Wie Hans Sigl hat auch Heiko Ruprecht eine Schauspielausbildung. Er absolvierte sie von 1993 bis 1996 …

a) am Badischen Staatstheater Karlsruhe

b) am Staatstheater Stuttgart

c) am Mozarteum in Salzburg

118

Erste TV-Erfahrung sammelte Heiko nach vielen Jahren am Theater in der Serie „Sophie – Schlauer als die Polizei erlaubt". Darin spielte er 1997 …

a) ein Mordopfer

b) einen Polizisten

c) einen Obdachlosen

119

Während Hans Sigl eine Dauerrolle in „SOKO Kitzbühel" spielte, hatte auch Heiko von 2008 bis 2011 Einsätze bei einer „SOKO", nämlich …

a) „SOKO 5113"

b) „SOKO Leipzig"

c) „SOKO Donau"

120

Die Frau, mit der Heiko zwei Kinder hat, heißt …

a) Nicole

b) Natascha

c) Nadine

Auflösung auf Seite 66

Auflösung Fragen 116 – 120

116 b) in einer WG in Freiburg

117 c) am Mozarteum in Salzburg

118 a) ein Mordopfer

119 a) „SOKO 5113"

120 a) Nicole

Staffel 5 – Angst um die Kinder

121

Ein eigenes Baby soll in Staffel 5 das Liebesglück von Hans und Susanne krönen. Gynäkologin Lena rät aber nach einer Untersuchung zur Abtreibung. Doch dann rettet ein Arzt die Situation und klärt eine Fehldiagnose auf. Es ist ...

a) Dr. Alexander Kahnweiler

b) Dr. Martin Gruber

c) Dr. Roman Melchinger

122

In Staffel 3 adoptierte Susanne Dreiseitl den Jungen Jonas, dessen Eltern bei einem Bergunglück starben. In einer dramatischen Folge in Staffel 5 haut Jonas ab. Denn:

a) Jonas kann Susannes neuen Freund Hans Gruber nicht ausstehen

b) Susanne bekommt ein leibliches Kind von Hans

c) Jonas hatte einen schlimmen Streit mit Susanne

123

In dieser Staffel ist Hans endlich mit Susanne happy. Doch da taucht seine alte Liebe Klara wieder auf, die zuvor ...

a) in Rom war

b) auf Kur war

c) nach Kiel gezogen war

124
Da sitzt der gute Hans schön in der Liebes-Patsche. Schließlich entscheidet er sich dann doch für …

a) Klara

b) Susanne

c) keine von beiden

125
Lilli hingegen ist mehr mit ihrem Freund Mario beschäftigt als mit der Schule. Vor allem in diesen Fächern hat sie daher massive Probleme:

a) Deutsch und Geschichte

b) Englisch und Biologie

c) Mathe und Physik

126
Martin könnte seinen Liebesproblemen entfliehen, als er für ein halbes Jahr einen Beraterjob angeboten bekommt, und zwar in …

a) New York

b) München

c) London

127
Dazu bekommt Martin noch einen Patienten, der ihn nicht nur medizinisch fordert. Es ist …

a) ein unehelicher Sohn von Dr. Kahnweiler

b) Lenas Noch-Ehemann Tom

c) ein Jugendfreund seines verstorbenen Vaters

Auflösung auf Seite 69

Auflösung Fragen 121 – 127

121 b) Dr. Martin Gruber

122 b) Susanne bekommt ein leibliches Kind von Hans

123 a) in Rom war

124 b) Susanne

125 c) Mathe und Physik

126 a) New York

127 b) Lenas Noch-Ehemann Tom

Staffel 6 –Eine Frau geht, eine andere kommt

128
In Staffel 6 scheint es mit Martin Gruber und Lena Imhoff endgültig
vorbei zu sein. Sie zieht erneut weg, und zwar diesmal nach ...

a) Frankfurt

b) Berlin

c) Düsseldorf

129
Von ihrem Wegzug erfährt Martin durch ...

a) einen Abschiedsbrief

b) einen Zeitungsbericht

c) eine SMS

130
Dafür kehrt eine ehemalige Ellmauerin nach Jahren aus Frankreich
zurück – und erobert gleich Martins Herz. Es ist ...

a) Monika Schneider

b) Anne Meierling

c) Christina Pagel

131
Susanne Dreiseitl und Hans Gruber werden endlich Eltern eines
kleinen Mädchens. Es heißt ...

a) Sarah

b) Sophia

c) Samira

Lilli hingegen trennt sich von ihrem Freund Mario. Denn sie verliebt sich in den …

a) Tänzer Manuel
b) Rapper Pietro
c) Sänger Carsten

In dieser Staffel steht auch die Zukunft von Susannes Gasthof „Wilder Kaiser" auf dem Spiel. Man will ihr das Wirtshaus abkaufen. Für sagenhafte …

a) 500.000 Euro
b) 1 Million Euro
c) 5 Millionen Euro

Um sich von seinen privaten Problemen abzulenken, übernimmt Martin Gruber die Vertretung in …

a) einer Klinik für plastische Chirurgie
b) einem Alten- und Pflegeheim
c) einer Notfall-Ambulanz

Auflösung auf Seite 72

128 a) Frankfurt

129 c) eine SMS

130 b) Anne Meierling

131 b) Sophia

132 c) Sänger Carsten

133 a) 500.000 Euro

134 b) einem Alten- und Pflegeheim

Monika Baumgartner

135

„Der Bergdoktor" ist nicht die erste Bauernhof-Serie der
Schauspielerin. Schon 1979 war sie in einer BR-Serie zu sehen.
Die hieß…

a) „Der Meineid-Bauer"
b) „Der Millionenbauer"
c) „Der Bauernfeind"

136

Vor ihrem Eintritt in die Schauspielschule hat Monika 1969 bereits
gearbeitet. Sie war angestellt …

a) in einem Supermarkt
b) in einem Bekleidungshaus
c) in einer Reifenfirma

137

Ihre allererste Rolle war allerdings eine ungewöhnliche: Sie spielte im
Krippenspiel …

a) den Josef
b) das Christuskind
c) den Balthasar

138

Welche bekannte Persönlichkeit hat Monika mit einer Abordnung des TSV 1860 München getroffen?

a) Bill Clinton

b) Papst Franziskus

c) Dalai Lama

139

In München führt Monika mit ihrer Schwester das Raumausstattungsgeschäft „Hermanas – Schwestern". Ihre Schwester heißt ...

a) Gisela

b) Marianne

c) Waltraud

Auflösung auf Seite 75

Auflösung Fragen 135 – 139

135 b) „Der Millionenbauer"

136 c) in einer Reifenfirma

137 a) den Josef

138 b) Papst Franziskus

139 c) Waltraud

Staffel 7 – Liebeswirren bei Hans Gruber

140
Wie heißt die erste Folge der 7. Staffel?

a) „Alte Heimat, neue Heimat"
b) „Zurück aus Berlin"
c) „Endlich wieder Ellmau"

141
Wen will Dr. Martin Gruber in dieser Folge vom Bahnhof abholen?

a) Seine Mutter Lisbeth, die auf Kur war
b) Seine Ex- Freundin Julia, die aus New York kommt
c) Seine Freundin Anne, die in Frankreich war

142
Warum zieht Anne vom Distelmeierhof zu Martin auf den Gruberhof?

a) Lisbeth braucht dringend Hilfe auf ihrem Hof
b) Sie ist genervt vom provokanten Verhalten ihres Vaters Martin gegenüber
c) Ihr Vater hat sie rausgeschmissen, weil er von ihren Ratschlägen für den Hof genervt ist

143
Warum verlässt Hans den Gruberhof?

a) Er will bei Susanne und Sophia im „Wilden Kaiser" wohnen
b) Er hat von seiner Familie, den Grubers, die Nase voll
c) Er will nicht mehr als Landwirt arbeiten

144

Annes Vater Arthur Distelmeier geht in eine Suchtklinik. Er hat Probleme mit ...

a) Drogen

b) Alkohol

c) Tabletten

145

Wo kommen sich Lilli Gruber und Carsten nach der Trennung wieder näher?

a) Im Kino bei einem romantischen Film

b) In der Schule, als er von einer Reise zurückgekehrt ist

c) Im Studio von Carstens Band

146

Im Verlauf der Staffel kriselt es kräftig zwischen Susanne und Hans. Sie setzt ihn sogar vor die Tür. Er traf sich nämlich heimlich ...

a) mit Mia, der Lehrerin von Jonas

b) wieder mit Klara

c) einer Ex-Kollegin der Bergrettung

Auflösung auf Seite 78

Auflösung Fragen 140 – 146

140 a) „Alte Heimat, neue Heimat"

141 c) Seine Freundin Anne, die in Frankreich war

142 b) Sie ist genervt vom provokanten Verhalten ihres Vaters Martin gegenüber

143 a) Er will bei Susanne und Sophia im „Wilden Kaiser" wohnen

144 b) Alkohol

145 c) Im Studio von Carstens Band

146 a) mit Mia, der Lehrerin von Jonas

Staffel 8 – Feuer-Drama

147

Wegen der ständigen Intrigen verbannen Martin und Anne Arthur Distelmeier …

a) auf eine Jagdhütte
b) in ein Sanatorium
c) in eine Pension

148

Weil sich Hans und Martin Gruber wegen Susanne Dreiseitl total zerstreiten, will Lilli sogar das Abi sausen lassen und …

a) zu Susanne ziehen
b) nach Neuseeland abhauen
c) in eine Wohngruppe ziehen

149

Kurzfristig bekommen Dr. Kahnweiler und Dr. Fendrich einen Untermieter, nämlich …

a) Anne Meierling
b) Hans Gruber
c) Martin Gruber

150
Nachdem es mit Martin wieder mal aus ist und es auch mit ihrem Vater nur Probleme gibt, beschließt Anne, abzuhauen. Sie flieht nach ...

a) London

b) Paris

c) Rom

151
Wer eilt Arthur Distelmeier zu Hilfe, als er im Rausch den Hof niederbrennt?

a) Lisbeth Gruber

b) ein Bergretter

c) Lilli Gruber

Auflösung auf Seite 81

Auflösung Fragen 147 – 151

Auflösung Fragen 147 – 151 (Staffel 8 – Feuer-Drama)

147 a) auf eine Jagdhütte

148 b) nach Neuseeland abhauen

149 c) Martin Gruber

150 b) Paris

151 a) Lisbeth Gruber

Natalie O'Hara

152
Als Kind war Natalie Bundespreisträgerin bei ...

a) „Jugend musiziert"
b) „Jugend forscht"
c) „Jugend schwimmt"

153
Zum Ausgleich nach einem stressigen Tag spielt Natalie gerne ...

a) Schach
b) Tennis
c) Klavier

154
Natalie ist Botschafterin des Vereines „Recover your smile". Der unterstützt ...

a) Kinder in Not
b) krebskranke Frauen
c) Menschen mit Depression

155
In der Serie spielt Natalie die Wirtin Susanne Dreiseitl. Sie selbst jobbte während ihrer Ausbildung als ...

a) Aushilfskellnerin
b) Beiköchin
c) Pizzakurier

Natalies Ehemann ist Musicalproduzent und heißt mit Vornamen ...

a) Herbert

b) Jochen

c) Johannes

Bei ihrem ersten Fernsehauftritt 1999 in der ARD-Serie „St. Angela"
spielte Natalie ...

a) Schwester Gabi

b) Ärztin Dr. Bauer

c) Patientin Erika

Natalies Nachname klingt wegen ihres amerikanischen Vaters
natürlich englisch – geboren wurde sie aber in ...

a) Wismar

b) Göttingen

c) Potsdam

Auflösung auf Seite 84

Auflösung Fragen 152 – 158

152 a) „Jugend musiziert"

153 c) Klavier

154 b) krebskranke Frauen

155 a) Aushilfskellnerin

156 c) Johannes

157 a) Schwester Gabi

158 b) Göttingen

Staffel 9 – Martin flirtet wieder

159

In Staffel 9 kocht Dr. Kahnweiler vor Eifersucht. Denn er sieht seine Vera immer wieder turtelnd mit …

a) Martin Gruber

b) Assistenzart Dr. Kilian

c) Hans Gruber

160

Martin Gruber verfällt in alte Muster und beginnt mal wieder einen Flirt - mit …

a) einer Versicherungsagentin

b) einer Schlagersängerin

c) einer Journalistin

161

Gibt Hans Gruber den Gruberhof auf? Immerhin bekommt er ein Angebot für eine Vollzeitstelle …

a) bei einem Landmaschinen-Händler

b) bei einer Molkerei

c) bei den „Mountain Profis"

Der Sohn von Versicherungs-Agentin Rike Jäger lebt nicht bei deren Ex-Mann, sondern …

a) in einem Internat

b) in einer therapeutischen Einrichtung

c) bei Rikes Mutter

Weil es bei Vera und Dr. Kahnweiler mit dem erhofften Nachwuchs nicht klappen will, will Vera Alexander zu …

a) einem Fruchtbarkeitstest zwingen

b) einer Paartherapie überreden

c) einer Adoption bewegen

Auflösung auf Seite 87

Auflösung Fragen 159 – 163

159 b) Assistenzart Dr. Kilian

160 a) einer Versicherungsagentin

161 c) bei den „Mountain Profis"

162 b) in einer therapeutischen Einrichtung

163 a) einem Fruchtbarkeitstest zwingen

Staffel 10 – „Nachwuchs" bei Dr. Kahnweiler

164

In Staffel 10 hat Hans Gruber Angst, dass er nach Susanne auch noch die kleine Sophia verlieren könnte. Denn Susanne hat in Tim einen neuen Partner, der sich auch gut mit der Tochter versteht. Er ist …

a) Architekt

b) Restaurantkritiker

c) Landvermesser

165

Ein großes Problem in der Beziehung zwischen Martin und Rike ist in Staffel 10 immer wieder …

a) Martins Tochter Lilli

b) Rikes Sohn Lukas

c) Martins Mutter Lisbeth

166

Wie heißt der Junge, den Dr. Fendrich und Dr. Kahnweiler in Staffel 10 aus dem Heim zum Probewohnen zu sich holen?

a) Claus-Dieter

b) Hans-Richard

c) Jens-Torben

Susanne bekommt in Staffel 10 ein Job-Angebot als Lehrerin an einer renommierten Kochschule. Doch dafür müsste sie wegziehen, und zwar nach …

a) Wien
b) Paris
c) Berlin

Weil es mit Hans und den Frauen weiter kompliziert bleibt, schmiedet Mama Lisbeth einen Plan.

a) Sie schickt ihn zu einem Psychotherapeuten
b) Sie bewirbt sich für ihn bei einer Kuppelshow im TV
c) Sie meldet ihn bei einem Dating-Portal an

Auflösung auf Seite 90

Auflösung Fragen 164 – 168

164 c) Landvermesser

165 b) Rikes Sohn Lukas

166 c) Jens-Torben

167 a) Wien

168 c) Sie meldet ihn bei einem Dating-Portal an

Mark Keller

169

Wer sind die „Los Kelleros"?

a) Mark und sein Berner Sennenhund
b) Mark und seine Söhne Aaron und Joshua
c) Mark und sein Freund Hans Sigl

170

Mark und seine Söhne haben die gleiche ...

a) Schuhgröße
b) Konfektionsgröße
c) Körpergröße

171

Bevor er auf die Schauspielschule in Freiburg ging, absolvierte Mark eine Lehre zum ...

a) Installateur
b) Maler
c) Kfz-Mechaniker

172

Welches Lied sang Mark Keller 1989 in der „Rudi Carrell Show"?

a) „Strangers In The Night" von Frank Sinatra
b) „Suspicious Minds" von Elvis Presley
c) „Everybody Loves Somebody" von Dean Martin

173

Seinen großen Durchbruch feierte Mark in der RTL-Serie „Alarm für Cobra 11 – Die Autobahnpolizei". Da spielte er die Rolle des Kriminalhauptkommissars …

a) André Fux

b) Tom Kranich

c) Ben Jäger

174

Mark ist nicht nur ein hervorragender Sänger, er spielt auch ein Instrument. Welches?

a) Bass

b) Schlagzeug

c) Saxophon

175

In einer Weihnachts-Sendung sang Mark 2014 im Fernsehen ein Duett mit einer berühmten Schlagersängerin. Und zwar mit …

a) Helene Fischer

b) Andrea Berg

c) Maite Kelly

176
Neben Englisch spricht Mark auch gut ...

a) Spanisch

b) Französisch

c) Türkisch

177
Mark hat seit einigen Jahren eine neue Lebensgefährtin. Sie heißt ...

a) Anna

b) Maria

c) Carmen

Auflösung auf Seite 94

Auflösung Fragen 169 – 177

169 b) Mark und seine Söhne Aaron und Joshua

170 a) Schuhgröße

171 c) Kfz-Mechaniker

172 c) „Everybody Loves Somebody" von Dean Martin

173 a) André Fux

174 b) Schlagzeug

175 a) Helene Fischer

176 c) Türkisch

177 a) Anna

Staffel 11 – Große Sorgen um Lilli Gruber

178

Nach über 20 Jahren taucht plötzlich Ludwig Gruber wieder auf - der jüngere Bruder von Lisbeths verstorbenem Mann. Er wird gespielt von …

a) Harald Krassnitzer

b) Horst Janson

c) Christian Kohlund

179

Nicht alle sind davon begeistert. Vor allem Lisbeth und Martin wettern gegen Ludwig. Doch der findet auch Verbündete, nämlich …

a) Lilli und Hans

b) Susanne und Hans

c) Dr. Fendrich und Dr. Kahnweiler

180

In einer Folge ist Lilli Opfer eines schweren Verkehrsunfalls. Wer hat ihr das alte Auto gekauft, mit dem das Unglück passiert?

a) Hans Gruber

b) Onkel Ludwig

c) Roman Melchinger

181

Bei der geplanten Adoption von Jens-Torben gibt es ein Problem. Dr. Kahnweiler erfährt nämlich, dass ...

a) Jens-Torben unheilbar krank ist

b) sich das Heim gegen die Adoptionspläne sperrt

c) er vor Jahren ein Verhältnis mit Jens-Torbens Mutter hatte

Auflösung auf Seite 97

Auflösung Fragen 178 – 181

178 c) Christian Kohlund

179 a) Lilli und Hans

180 b) Onkel Ludwig

181 c) er vor Jahren ein Verhältnis mit Jens-Torbens Mutter hatte

Staffel 12 – Trauriger Abschied

182

Weil ein Schauspieler im wahren Leben gestorben ist, wird auch in dieser Staffel sein Tod behandelt. Es geht um die Rolle von …

a) Roman Melchinger

b) Onkel Ludwig

c) Alexander Kahnweiler

183

Eine neue Sprechstundenhilfe fängt in der Bergdoktor-Praxis an. Sie heißt …

a) Irena Bornholm

b) Nicole Schneider

c) Linn Kemper

184

Martin ist wieder einmal Feuer und Flamme für eine neue Frau. Es handelt sich um …

a) eine Wirtin

b) eine Apothekerin

c) eine Ärztin

185

Wo lernt Martin Franziska, seine neue Flamme, kennen?

a) Beim Skifahren

b) Bei Alexander Kahnweiler

c) Beim Eröffnungsfest der Apotheke

186

Um endlich mit Susanne und Sophia glücklich zu werden, fasst Hans einen folgenschweren Entschluss …

a) Er will den Gruberhof verkaufen

b) Er will den Hof Onkel Ludwig übertragen

c) Er will mit Susanne und Sophia wegziehen

187

Obwohl Martin mit Franziska happy ist, lässt er seine Ex-Freundin Anne …

a) mit Lilli und ihm ein Wochenende wegfahren

b) in die renovierte Wohnung von Roman Melchinger ziehen

c) in seiner Praxis mithelfen

Auflösung auf Seite 100

Auflösung Fragen 182 – 187

182 a) Roman Melchinger

183 c) Linn Kemper

184 b) eine Apothekerin

185 c) Beim Eröffnungsfest der Apotheke

186 a) Er will den Gruberhof verkaufen

187 b) in die renovierte Wohnung von Roman Melchinger ziehen

Ines Lutz

188

Der zweite Vorname der Anne-Meierling-Darstellerin ist …

a) Arabella

b) Andrea

c) Amalia

189

Ines ist zwar in München geboren, ihr Abitur machte sie aber 2001 in …

a) Cambridge

b) Harvard

c) Oxford

190

Bevor sie endgültig der Schauspielerei verfiel, studierte Ines Lutz …

a) Medizin

b) Jura

c) BWL

191

In welcher Serie hatte Ines KEINE durchgehende Rolle?

a) „Lindenstraße"

b) „Mein Leben und ich"

c) „Gute Zeiten, schlechte Zeiten"

192

Als Münchnerin hat Ines beim Fußball die Wahl zwischen den beiden bekanntesten Vereinen der Stadt. Sie ist …

a) Fan des FC Bayern München

b) Fan des TSV 1860 München

c) Weder noch, weil sie sich nicht für Fußball interessiert

193

Welches Instrument wollte Ines immer beherrschen?

a) Akkordeon

b) Gitarre

c) Trompete

194

Was gibt es bei Ines und ihrer Familie an Heiligabend zu essen?

a) Bockwurst mit Kartoffelsalat

b) Weißwürste und Brezen

c) Linsen mit Speck

Auflösung auf Seite 103

Auflösung Fragen 188 – 194

188 a) Arabella

189 c) Oxford

190 b) Jura

191 c) „Gute Zeiten, schlechte Zeiten"

192 c) Weder noch, weil sie sich nicht für Fußball interessiert

193 a) Akkordeon

194 b) Weißwürste und Brezen

Staffel 13 – Der Heiratsantrag

195

Zwischen Anne und Martin soll in dieser Staffel ja eine „friedliche Co-Existenz" stattfinden. Dennoch entgeht es Martin nicht, dass Anne bei ihrem Gruber-Milch-Plan Hilfe von einem sehr attraktiven Zeitgenossen bekommt. Sein Name ist ...

a) Gregor

b) Jochen

c) Julius

196

Wo lernt Martin Gruber die Mutter von Apothekerin Franziska Hochstetter kennen?

a) In Kitzbühel

b) In München

c) In Salzburg

197

Franziska wird aber schwer vom Schicksal getroffen. Ein Familienangehöriger stirbt. Es ist ...

a) Ihr Vater

b) Ihre Oma

c) Ihre Schwester

198

Später in der Staffel hat Franziska den Plan, wegzuziehen. Sie würde Martin natürlich gerne mitnehmen – nach …

a) San Francisco

b) Los Angeles

c) New York

199

Zerrissen zwischen Franziska und Anne, müsste sich Martin Gruber endlich entscheiden. Wer redet ihm ins Gewissen, reinen Tisch zu machen?

a) Tochter Lilli

b) Mama Lisbeth

c) Bruder Hans

200

Was kauft Dr. Kahnweiler, während seine Vera in Hamburg ist?

a) Einen Bauernhof

b) Ein Wohnmobil

c) Einen Golfplatz

201

Am Ende der 13. Staffel macht Martin Anne einen Antrag – und sie sagt Ja. Doch das war nicht der erste Heiratsantrag des Bergdoktors. Schon in Staffel 3 stellte Martin die Frage aller Fragen. Und zwar an …

a) Dr. Andrea Junginger

b) Susanne Dreiseitl

c) Julia Denson

Für das Staffel-Ende mit dem Heiratsantrag wurde übrigens eine zweite Final-Szene gedreht. Nicht einmal die Schauspieler wussten vorab, welcher Schluss gezeigt wird. Und so sah das alternative Ende aus ...

a) Martin macht ihr gar keinen Antrag

b) Franziska vereitelt den Antrag

c) Anne sagt Nein zu Martins Antrag

Auflösung auf Seite 107

Auflösung Fragen 195 – 202

195 a) Gregor

196 b) In München

197 a) Ihr Vater

198 c) New York

199 a) Tochter Lilli

200 b) Ein Wohnmobil

201 a) Dr. Andrea Junginger

202 c) Anne sagt Nein zu Martins Antrag

Lob, Anregungen, Kritik?

Dieses Buch wurde nach bestem Wissen und Gewissen erstellt.

Wer einen Fehler findet, darf ihn behalten – oder schickt mir eine E-Mail. Ich werde mich bemühen, ihn in der nächsten Auflage zu korrigieren.

Gleiches gilt für Lob, Anregungen und Kritik.
Bitte einfach eine Mail schicken an:

bergdoktor-quizbuch@gmx.de

Wenn euch das Quizbuch gefallen hat, empfehlt es gerne euren Freunden und Bekannten.

Es ist im Buchhandel vor Ort unter der ISBN 978-3-7534-1669-4 zu bestellen, ebenso auf allen Buchhandelsplattformen im Internet und natürlich auch bei Amazon.
Oder direkt im BOD-Shop unter www.bod.de/buchshop

In diesem Sinne: Weiterhin viel Spaß mit dem „Bergdoktor"!